インド・アフター・インド

境界線の往来

鈴木博子

花伝社

真夜中 …… 7

あきらめる …… 35

赤 …… 65

境界線 …… 91

食べる……115

鍵……139

明日……163

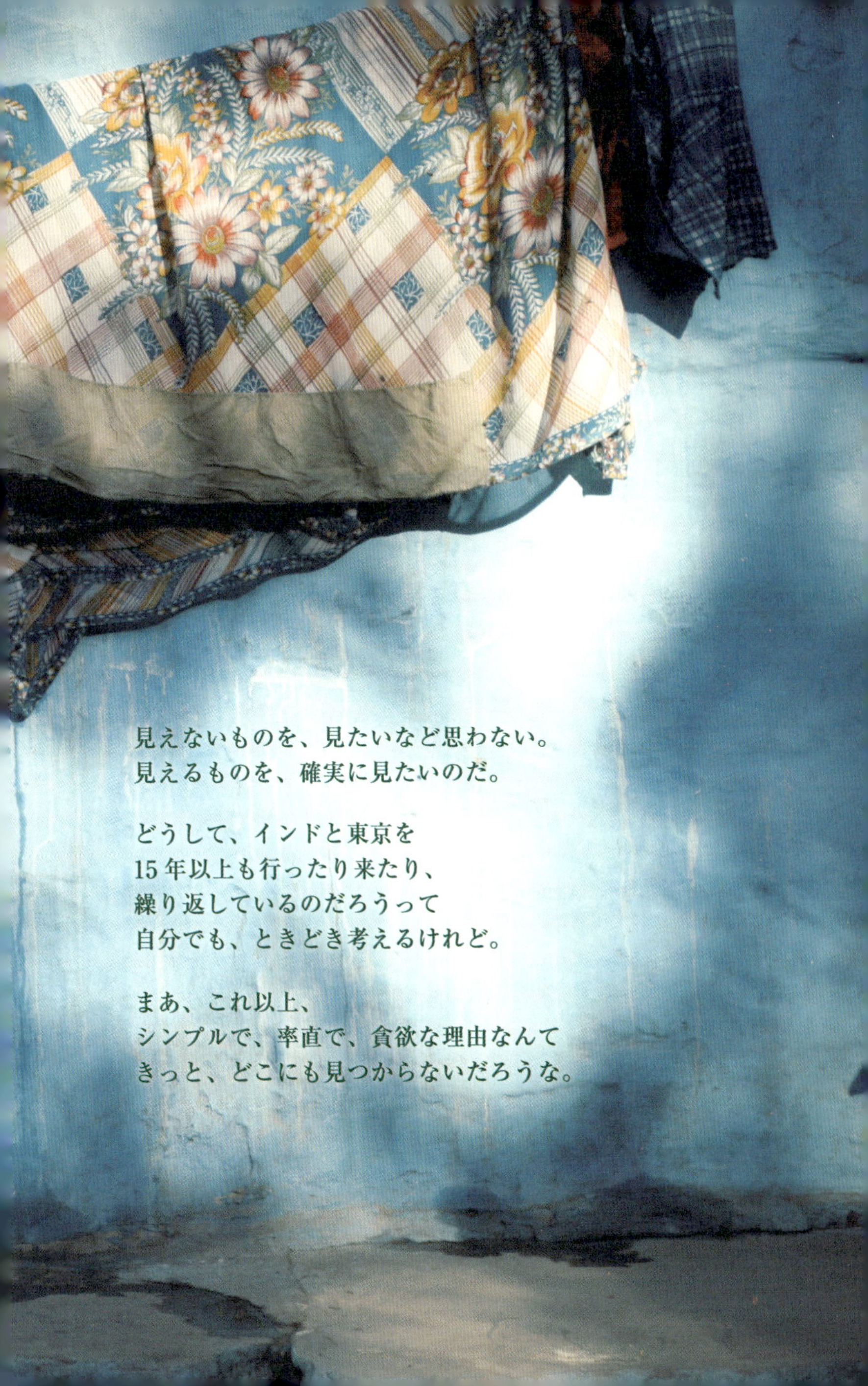

見えないものを、見たいなど思わない。
見えるものを、確実に見たいのだ。

どうして、インドと東京を
15年以上も行ったり来たり、
繰り返しているのだろうって
自分でも、ときどき考えるけれど。

まあ、これ以上、
シンプルで、率直で、貪欲な理由なんて
きっと、どこにも見つからないだろうな。

真夜中

東京からデリーに向かう飛行機は
たいてい、深夜に到着する。
インドに通いはじめたばかりの慣れないころは、
そんな時間帯に着いてしまうのが、恐ろしくて仕方なかった。
でもいまは、夜遅くにこの国へ着くのがとてもうれしい。
真夜中から、この国の第一歩をはじめるのだ。

真夜中であろうと、インドは休みなく動いている。
都心の大通りでは路線バスが走り、
ひとびとは屋台に群がり、ものを食べ、
市場は昼間に負けず活気づき、
子ども達は追いかけっこをしながら、
細道を駆け抜けていく。

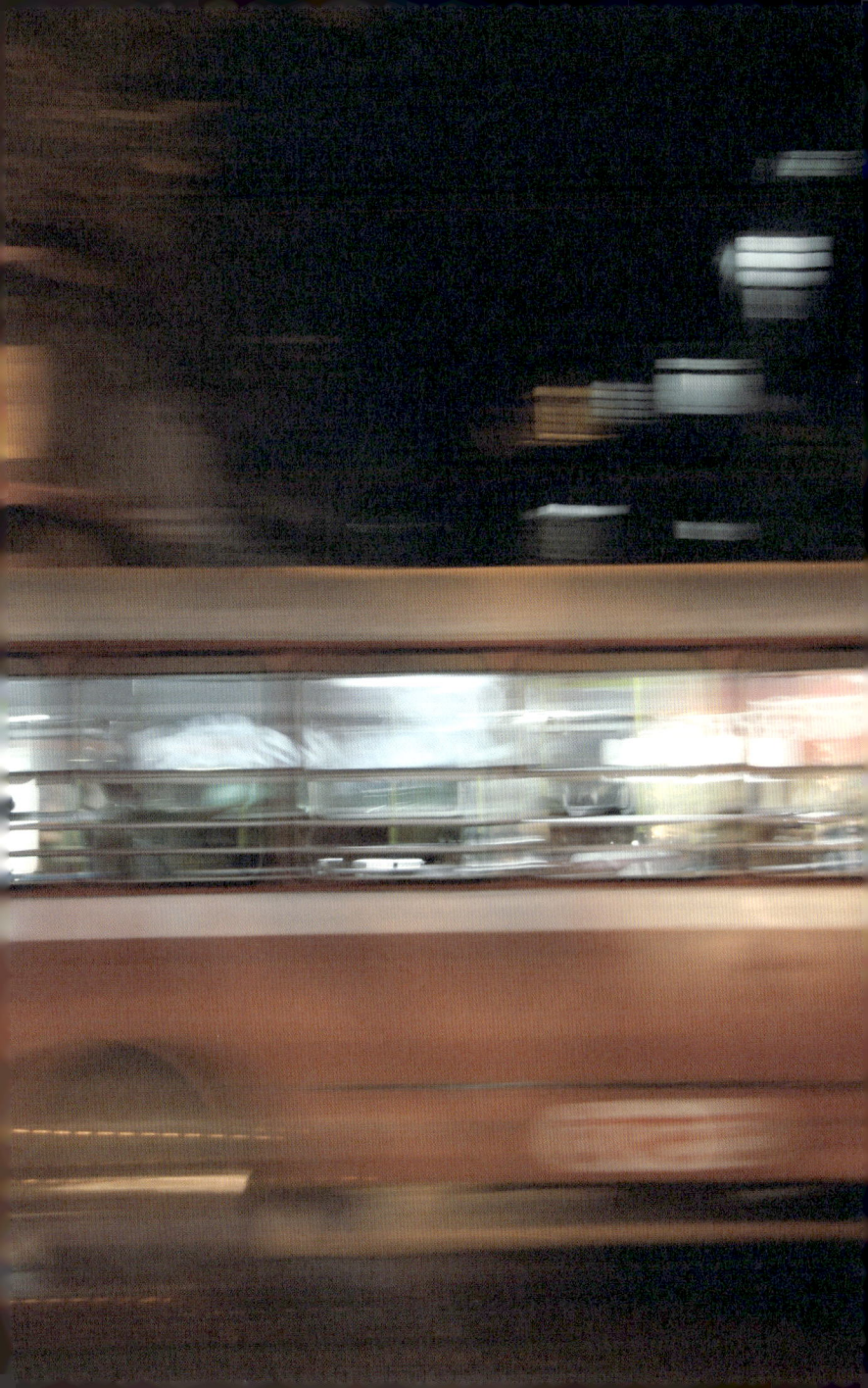

この国の夜中は、漫然と昼間の延長線上にあるのではない。

毎晩、意思とともに「夜中」のスイッチが入るのだ。

冬にこの国を訪れると、
想像以上の寒さに夜通し震えることがある。
そんなときは、宿のカビ臭い毛布を頭からかぶって外へ出て、
屋台のチャイで一息つくのがお決まりだ。
お湯がグラグラ煮えたぎる小鍋に、潰した生姜を放り込み、
たっぷりの茶葉と砂糖とミルクを加えたチャイは、
一口すするだけで胃の底からじんわりと温まる。
それをサッと飲み干して、体温が下がらないうちに宿へ帰り、
薄っぺらいマットレスに身を横たえて、
あったかい夢を見ながら眠るのだ。

अहिंसक साबुन
देशी उद्योग

「昼間は働くもの」「夜は寝るもの」なんて、
いったい、誰が決めたのか。
この国にはそんなルールなどどこにもなく、
1日、24時間、
地球上のあらゆるひとに共通する長さの時間を、
誰もが尺度ギリギリ、めいっぱい使っている。

昼間、猛暑のなかを延々と歩き回り、
夕方にいったん宿へ帰って水シャワーをザブンと浴び、
ちょっと休むつもりが、うっかりベッドで熟睡してしまって、
夜にのっそり起き上がり、
「そういえば、なにも食べていないな」と気がついて、
ビーサンをつっかけ、いつもの食堂へ足を向ける。
こんな気まぐれな夜が、大好きだ。

食堂で、豆と野菜のカレーをたいらげてから
少し遠回りして、宿に戻る。
牛、ひと、台車、自転車、
いろいろなものが、市場のなかを交差する。
ときどき、牛の角にドつかれたり、
台車を引く車夫に怒鳴られたりしながら、
熟れた果物の香りがドロリと混ざる夜風に吹かれて、市場を歩く。
こんな夜も、とてもいい。

日本であまりにも「当事者」で居続けることに疲れ、
ちょっと、「現場」から離れてみたくなると
わたしはいつもインドへ飛ぶ。
そして、まるで透明人間にでもなったかのように
ひとの波をすり抜けながら町のなかを歩いたり、
あるいは、「お邪魔します」という感じで
インド人の生活を覗き見したりする。
この国には、「よそもの」と「内側のひと」を分かつ壁が
しっかりあるようで、実は、ない。
だから、わたしはインド人の生活を
身近な位置で眺めながら
「うんうん、そうだよね。みんな、イロイロあるよね」と
ひとり、訳知り顔で納得して日本へ帰る。
そうして、再びまた「当事者」としての生活をはじめるのだ。

しかし実際、インドのひと達にとってはわたしの方が
「旅人」という役者であり、
彼らはわたしの奮闘ぶりを
いつもの席から眺めているに過ぎない。
「当事者」と「観客」がひっくり返り、
わたしは、いつの間にか
インドという舞台の上に引っ張られる。
おつりを数ルピーごまかされたとか
些細なことでインド人と喧嘩して、
当事者のステージにみずから足をのせることもあれば、
両手両足がなく、道端で無惨に転がる物乞いの姿に息をのみ、
観客であり続けることが、どうしても難しいことだってある。

わたしは、いつもインドのなかで迷子になる。
特にこの、とことん現実的な「昼間」の世界と
完璧に切り離された「真夜中」という濃密な世界では、
いとも簡単に、自分自身を見失う。

Colgate
Strong Teeth
HONEY BEE

東京からデリーへ飛ぶ途中、
着陸間際に窓からこの国の大地が見えると、
いつも、「暗くて熱い、真夜中の海だな」と思う。
真っ黒い大地にちらちらと灯が揺れる。
あれは屋台か、食堂か、宿か、駅か、あるいはチャイ屋か、
いずれにしても、灯のそばでは無数のひとが
365日、変わらない生活を続けている。
彼らの営みを機内で想像するとき、
わたしは確かに感じるのだ。
インドという大地のうえで、
なにかとてつもなく大きなものが
たえず、うごめいているのを。
昼間の太陽の熱を極限まで吸収し、
夜中でもまだ熱い真っ暗な海が
10億以上ものひとを飲み込んで、
ほのかな灯りを道標としながら
じわじわと領域を拡大し続けている。
その海のなかへ、
いま、まさに、わたしも飲み込まれようとしているのだと思うと、
わずかに恐怖を感じつつも、
やっぱり胸が高鳴って仕方ないのだ。

WELCOME

同じ川のなかにいたのでは、
身の汚れを落とすことができないように、
わたしは、ときどきインドという洗濯機のなかへ
自分の身を放り込む。
そして、あらゆる生物が混ざり合う巨大な渦のなかから
自分自身をつまみ上げるとき、
日本にいる間、毎日少しずつ鬱積《うっせき》していた余計なものが
きれいさっぱり、洗い流されているのを感じるのだ。
わたしは、いつもインドへ充電のために帰るのではない。
日本での生活で余分に蓄積され、
抱え切れないほど溜め込んでしまった熱や、想いや、情動を、
熱い夜の闇へ放電するために帰るのだ。
インドの真夜中には、なんでも受け入れる鷹揚《おうよう》さがある。
いったん、その深い懐に抱かれたら
もう後戻りできない、絶対的な心地良さがある。
暗い海は、底がのぞきこめないほど深過ぎて
時折、二度と浮かび上がることができないような恐怖を感じ、
正直、ゾッとすることもあるのだけれど。

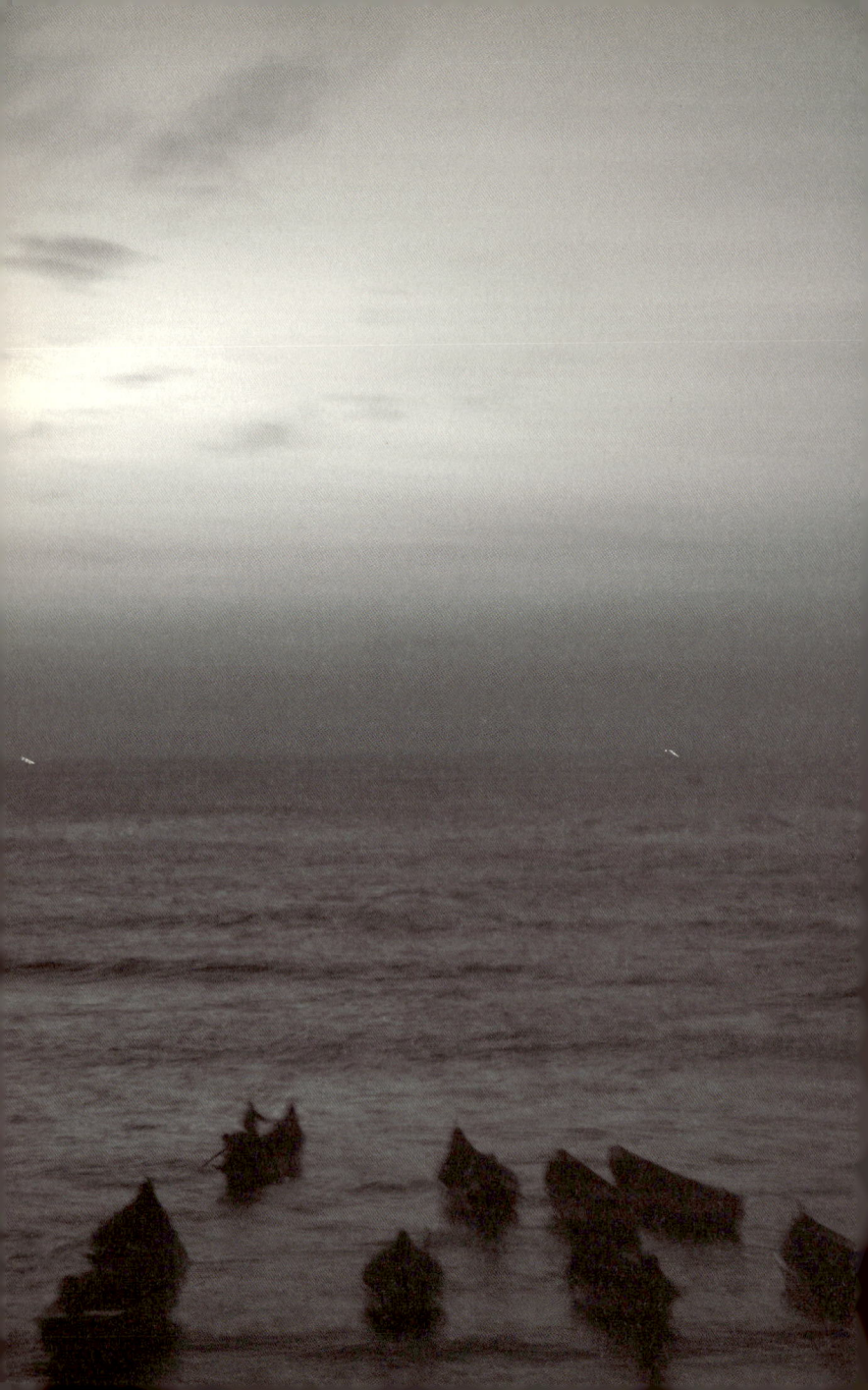

やがて、闇は少しずつ光に溶けて、
空には太陽が現れる。
昨夜、わたしが放電した感情も
大地を照らす朝日のなかで、きらきらと溶けていく。
町は目覚め、さまざまな色彩が通りを飾り、
ひとの往来が、シンと冷えた白い靄《もや》を震わせる。
こうして、また、新しい一日がはじまるのだ。

あきらめる

The Sunday Guardian
Business Standard

「インドに行くと、人生観が変わるんでしょう」
あちこちで訊かれる質問だけど、
そんなこと、残念ながらあるわけない。
長い一生のうち、ほんのわずかな時間をインドで過ごしたくらいで
人生観は変わらない。
そもそも、そんなカンタンに変わるなら、
それは、「人生観」と呼べるものではなかったということだ。
まあ、いずれにしても、
「人生観」なんていえそうな大層なものが
わたしにあれば、の話だけど。

はじめてこの国へ来たのは、1997 年 12 月。
そのときは、到着前からものすごく緊張していた。
空港を出て、ギョロ目のインド人が集団で
こっちを睨んでいるのを見た瞬間、鳥肌が立ったくらいで、
大変な国へ来たものだと、夜、ベッドの上で大の字になり、
天井を見上げて大笑いしたものだ。
外へ出れば、リキシャやバイクのクラクションがけたたましい。
通りを歩けば、「マダム、マネー」って
物乞いの子どもが追いすがる。
おいおい、ココはどこだ。
21 世紀を迎えるこの時代、
世界にこんな場所があってもいいのかって
毎日、驚きと衝撃の連続だった。

ASK FOR
CAMEL SAFARI & JEEP TOUR
TICKET BOOKING FOR TRAIN, BUS, AIR
PROBABLY THE BEST IN TOWN
RESTAURANT
SUN SET CAFE
ALL KINDS OF FOOD
माँ का आशीर्वाद

それは、史上最悪に散々な旅だったのだ。
だまされ、ぼられ、熱を出して、カメラも壊れた。
もう、いやだ。
絶対、こんな国に二度と来るか、って
インドを去るとき誓ったのに
そのあと、何度も帰ってくることになるのだから、
本当、人生なんてわからない。
「絶対」という言葉は、裏切られることのほうが多いんだから
滅多に使わないほうがいいのだということも、
そういえば、この国で知ったのだ。

世のなかに確実なことなど、なにもない。
ただひとつ、
彼らにもわたしにも、
ひとしく朝と夜が来るという事実を除いたら。

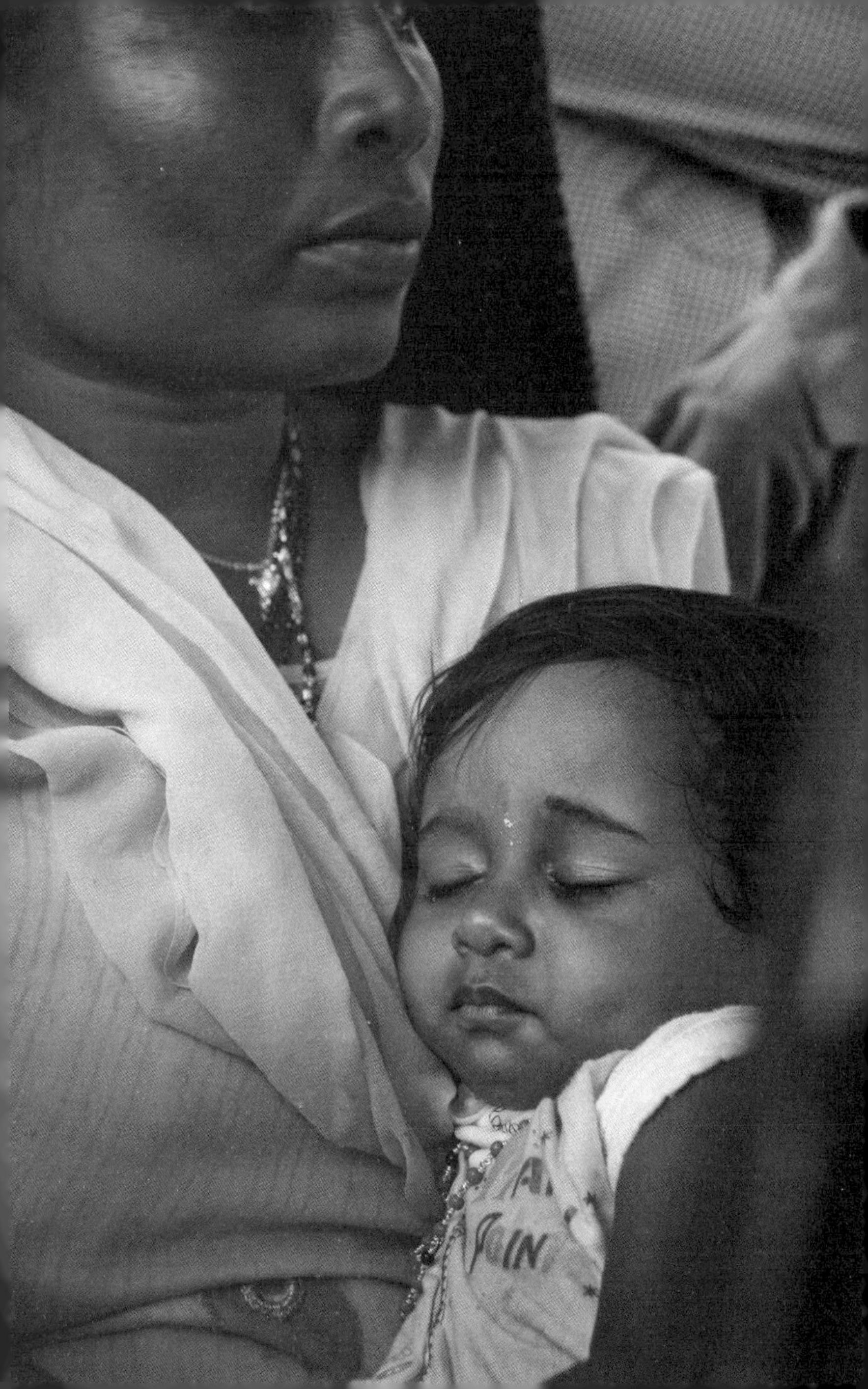

「カルカッタの物乞いは、人数が増えてどうしようもなくなると
トラックに詰め込まれて、
デカン高原へ捨てられるんだってよ、
だけど、彼らは何千キロも歩いて、
またカルカッタを目指すんだってさ」
そんな話を、旅の途中、何度も聴いた。
まさかと笑いながら、わたしは心のどこかで想像する。
列をなし、灼熱のデカン高原をぞろぞろと歩く物乞いの姿。
黄土色の平らな大地と、黒褐色の彼らの肌。

この国を旅していて、貧しいと感じることはたくさんある。
だけど、豊かだと感じることも同じくらいある。
それは、店先に並ぶ果物の色合いだったり、
女性が身にまとうサリーの花模様だったり、
寺でお祈りをするひとのピンと伸びた背筋だったり、
一杯のチャイを手にして、のんびり過ごす時間だったり、
男達で満席の、場末のひなびた映画館だったり、
通りを歩けば至るところから聴こえてくる
脂ぎったポップスだったり、

「貧しさ」とは、いま、わたし達の手にあるものがそこにないことを言い、
「豊かさ」とは、いま、わたし達の手にないものが
そこにあることを言うのかもしれない。

ascina
fascin
cinating

「ひとつしか手にすることができないのは子ども。
大人は、同時にいくつも手にすることができるんです」
以前、あるひとはそう言った。
だけど、わたしはむしろ逆の考えを持っていて、
「ひとつ手にしたら、ひとつ手放さなければならないのだ」と
無意識のうちに、思っていた。
進路だって、恋愛だって、なんだってそう、
わたし達は、いつでもひとつしか選ぶことはできず、
だからこそ、選択肢の前では真剣になるのだろうし、
なにかを手放すとは、想いを断ち切るということ、
つまり、「あきらめる」ということであり、
人生とは、選択とあきらめの繰り返しなのだと、
そんなふうに、思っていた。

しかし、インドで出会った僧侶はこう言った。
「あきらめるとは、『あきらかに見る』ということ、
現実をゆがめたり、ねじ曲げたりすることなく、
ものごとの本質をありのままに見る。
だから、人間には『あきらめる』ということも大事なんです」

YOGA
YOGA

この国で暮らすヤギは、
この国に生まれたことを悔やむだろうか。
この国で暮らすひとは、
この国に生まれたことを悔やむだろうか。
わたしは、日本に生まれたことを悔やまない。
だけど、もしこの国に生まれても悔やまないという自信はない。
この国のひと達は、
生まれた瞬間から大きなあきらめのなかに生きていて、
職業も、生きる場所も、結婚相手も、身につける教養も、
おのずから決まっている。
ずっと同じ町に住み、同じ顔ぶれに囲まれ、
同じ景色を見て、同じものを食べる。
彼らには、選択肢がない。
そしてまた、「選ばない」という選択肢もない。

生まれたときからの不平等。
絶対的なニンゲンの価値。
だけど、そんなものに抵抗しようともがいても
水草に足を取られ、深みに沈んでいくだけだ。
それなら、この“沼”のなかで徹底的に生きてやる。
この国のひと達は、自分に与えられたステージで
精一杯のしあわせを見つけることから始めるのだ。
インド人の視線には、一線をこえた何かがある。
そういえば、
「悟り」とは「差」を「取る」ことからきているのだ、
いつまでも他者との「差」にとらわれていては
悟りの道に到達することなど、できないのだ。
あの僧侶は、そんなことも言った。

इस त्रिवेणी माता मन्दिर का निर्माण
श्री महन्त गोपाल गिरी जी की आज्ञा एवं अपनी
जी की प्रेरणा से देवी प्रसाद (ग्लोबल प्रापर्टीज)
14 बीघा ऋषिकेश ने करवाया
(अभिलाषा - अदिती - अनुभव)

この国のベクトルは、日本とまったく違うのだ。
それは、日本のものよりずいぶん大きく、
自由奔放に四方八方伸びている。
旅をはじめた最初の頃は、
日本とインドの違いにばかり目が向いて、
こころに突き刺さるような刺激ばかり探しては
自分勝手に妙な解釈を加えようとしていた。
道端で、日がな一日ゲームに興じる大人もいれば、
日の出前から夜中まで、土方作業に精を出す子どももいる。
一皿の料理を大人数で分けながら食べる家族もいれば、
レストランで食い散らかすように席を立つ家族もいる。
しかし、
それらになにかしらの判断を加えるのはわたしの領分ではなく、
わたし達は、旅が与えてくれるすべての事実を
ただ、黙って享受していればいい。

インド人と話をしていると、
"What can I do ? " という言葉が出てくることがある。
「自分に何ができるっていうんだ」「しかたないじゃないか」
それは、決して哀しく悲観的な口調ではない。
しかし、
そこには世界をすっぽりと包み込む巨大なあきらめがある。
わたしはそれを彼らと共有できるはずもなく、
そもそも、彼らも誰かと共有したいとは思っていない。
砂漠で暮らす、あるインド人はこう言った。
「僕は、生まれてからいままで、
砂漠から一歩も出たことがないんだ。
海も見たことないし、山も知らない。
だけど、砂でできた海はいつも見ているし、
砂でできた山は毎日のように登っている」
あきらめることは、絶望することではないし、
手放すことと失うことは、イコールではない。
あるがまま、流れのまま、すべてがこの世にあり得ること、
いま、手のなかにあるものを受け入れ、愛し、
自分自身を、しぶとい鎖から解き放つ。
「あきらめる」とは、そういうことを意味するのかもしれない。

この国に来たくらいで人生観なんて変わらない。
しかし、もし、わたしに変わったものがあるとしたら、
人生に対して、
ちょっとばかり融通が利くようになったということだと思う。
ニンゲン、どんなかたちだって
生きてるやつが強いのだ。

赤

50度を超すような暑季のころ、
水か、油に当たったのか、
パキスタンとの国境に近い町で
ひどい吐き気と高熱に襲われたことがある。
数日間、ベッドから一歩も起き上がることができず、
日に日に衰弱が激しくなっていくわたしを見かね、
宿の主人が近所の病院へ連れていってくれた。
消毒済みであることを祈りつつ、太い針の注射を打たれ、
巨大な錠剤を何種類も飲まされたおかげで
5日目くらいに熱が下がりはじめ、復活の兆しが見えてきた。
久しぶりに食欲も戻りつつあったので、
「いまこそ精のつくものを」と、
近くの食堂に入り、羊肉のカレーを注文すると、
出てきた皿は、唐辛子やスパイスで赤一色。
どろりとした液体の隙間《すきま》に、塊肉もゴロゴロと見えている。
見た瞬間、吐き気がぶり返してきたけれど、
気合いを入れ、一気に食べたらますます気分が悪くなった。
「精のつくものは、精がないときに食べるのではなく、
精があるときに食べるものだ」
そんな単純なルールを、いやというほど思い知った。

赤い色の食べものは、いつでも生命力に溢れている。
市場に行けば、熟したトマトがまっ先に目をひくし、
スパイス屋には、さまざまな種類のチリパウダーが並んでいる。
インドを色にたとえるなら、鮮烈な赤。
それは、世界中の赤を鍋で溶かして煮詰めたように、
息苦しくなるほど濃密で、
うっとりするほど四次元的だ。

15年前にインドへはじめて行ったとき、
わたしがいちばん見たかったものは、バラナシの火葬場だ。
死んだひとが、真っ赤な炎で焼かれる様子を見てみたい。
興味半分、怖いものみたさ半分、
思えば、不謹慎な観光客ではあったのだけど、
しかし、あのとき目にした荒々しい炎は、
いまもわたしの心で、赤々と燃えている。

ガンジス川沿いに張り巡らされた迷路みたいな小径を
次々と、死体が男達に担がれてやってくる。
体は金銀のあでやかな布で包まれて、
マリーゴールドの花輪が全身を覆っている。
それが、もし天寿をまっとうした老人なら
お祝いの楽隊がぞろぞろ続き、
まるでパレードさながらの盛り上がりだ。
やがて、葬列がガンジス川の上流にある火葬場に到着すると、
すでに準備されている薪のうえに、死体はどさりとのせられる。
火葬場といっても、川原に薪を組み上げただけの質素なものだ。
あたりに悪臭が立ちこめているわけでもなければ、
焼け残った骨の破片が散らばっているわけでもない。
そこに大量の薪がなく、
死体を飾っていたマリーゴールドを食べるために
牛やヤギが集まっていなければ、
誰も火葬場だと気づかないかもしれない。

Wonder

喪主らしき男性が、薪のあいだに火をいれる。
うっすらと灰色の煙がたちのぼったかと思うと、
突然、なかから赤い炎が吹き出して、
あっという間に死体を包んだ。
バチバチと弾けるような音とともに、
火の粉があたりに撒き散らされ、
一瞬で、周囲の温度が上昇する。
赤い舌は猛烈な勢いで、死体のすみずみまで舐《な》め尽くし、
少し離れたところから眺めているわたしまで、
まるで、のどの弁が隙間《すきま》なく塞がれてしまったように
息苦しくてたまらなくなる。

「死体を燃やすのに3時間。
あんた、最後まで見ているつもりか」
岩に腰掛け、火葬場を見下ろす形で眺めていたわたしに
中年のインド人男性が声をかけた。
「間違っても写真は撮るなよ、絵を描くのもダメだ。
そんなもんが残ったら、死体は成仏できないからな」
言われなくても写真を撮るつもりなどなかったが、
誤解されないよう、カメラはかばんの奥深くにしまった。
ここで荼毘《だび》に付されることは、
ヒンズー教徒にとって最上のよろこびだ。
金輪際、「生」と「死」の無限ループに陥ることもなく、
輪廻《りんね》から解脱できると信じられているからだ。
インド各地から年間数万人もの人々が
この町へ、ただ死ぬためにやってきて、
真っ赤な炎は来る日も来る日も100体以上、焼き尽くす。
近くには、「死を待つひとのための家」もあり、
そこでは24時間絶えることなく、
ヒンズーの神々の名が唱えられている。
「これまでの罪が、ここですべて清められる。
この地で焼かれることは、ヒンズー教徒の夢なんだ」
彼は、炎をまっすぐ見ながらそう言った。

கமிஷனரிடம் புகார்

27

火葬場で働くのは、低カーストの男達。
先祖代々、死体を相手にすることを定められたひと達だ。
死体がきれいに焼かれるよう、
彼らは棒で死体を叩き、肉をほぐし、えびぞりにし、
上体を折り曲げ、頭蓋骨をまっぷたつに叩き割る。
体から内臓が飛び出すと、
どこからともなく野良犬やカラスがやってきて、
互いに牽制し合いながら、貪欲に奪い合う。
紙を折り畳むようなペシャッという音、
脳みそや内臓が沸騰するグツグツという音、
骨が崩れるグシャリという音、
いろいろな音が入り交じって聴こえるが、
真っ赤な炎の熱さ以外、なんにも感じないし、におわない。
人間の死についてだとか、生の無常についてだとか、
ここへ来るまで期待していたようなテーマも、
まったくあたまに浮かんでこない。
ただぼんやりと、“かつて人間であったもの”が
真っ黒い炭へ変わっていくのを見続ける。
「人ひとり焼くのに300キロ以上の薪が要る。
でも、貧乏人はそれを買うお金がないんだ」
だから、あんたも少し寄付してくれないか——。
中年のインド人男性はそう言った。
それに答えず、黙って真っ赤に噴き上げる炎を見ていると、
もう、彼はなにも言わなかった。
やがて、用意した薪がすべて燃やし尽くされた頃には
死体は灰と、うさぎくらいの黒い塊となっていて、
それらはすべてガンジス川のなかへ、無造作に掻き出された。
そして、また次の死体が運ばれてきた。

父が亡くなったのは、わたしが13歳の頃だった。
お葬式が終わり、霊柩車で棺を火葬場へ運んだが、
そこは、拍子抜けするほど近代的な建物で、
清掃が行き届き、寒々しく感じられる室内には
赤い炎など、どこにも見当たらなかった。
棺桶は、音もなく滑るように炉に入り、
約1時間後に出てきたときは、
白いお骨しか残っていなかった。
たくましかった腕も、妹と争うようにして座った膝も、
そこにはもうなにも無く、
ただ、不自然なほどに真っ白い骨しか残っていない。
それを箸で拾い上げながら、
これは現実ではなく、
どこか遠い世界の出来事なのだと感じていた。
振り返ってみれば、その火葬場には
バラナシの町にべっとりとこびりついていた
死臭などなかったし、
ひとの体を焼く時の
「ペシャッ」「グツグツ」という音もなかった。
すべてがつつがなく、行儀よく処理された。

バラナシの炎は、
ひとを焼き尽くすことでその生命を終わらせる。
赤い火に包まれた体は、一握りの灰となって川に流され、
そのあとには一片の骨さえも残さない。
一生の終わり、生命の the end、
誰もが「死」を避けることはできず、
それは、命を持つあらゆるものが最後に迎える、
最大の苦しみだ。
しかし、もしかしたら
「死」をもって「生」が完結するのではなく、
それらはリングのように
時空を超えて永遠に連続しているのかもしれないと
バラナシの火葬場を見ているうちに、気がついた。
ひとの死体は灰となり、ガンジス川に流される。
川の水は誰かののどを潤し、その体内へ留まって、
やがてまた、新たな命を育むのだ。
これまで、何度聞いてもピンとこなかった輪廻《りんね》という考えが
このガンジス川を舞台にすると、なんだかストンと腑に落ちる。

このバラナシの町では、
「死」がそばにあるからこそ、「生」の輪郭が際立ってくる。
だからといって、「生」が必ず「死」に優越するかというと
けっしてそういうわけではなく、
「生」ははじまりではないし、「死」は終わりでもない。
「死」を恐怖と考えるのは、生きているものの奢《おご》りに過ぎず、
それらは延々と連続する、ただひとつの営みに過ぎない。

ガンジス川の沐浴場、朝７時。
こんな風景を眺めながら
人生は「死」と「再生」の連続なのだと考えると、
毎日、川で身を清めるということは
赤ん坊が産湯《うぶゆ》に浸かることと、
同じなのかもしれないと思えてくる。

バラナシの朝は、とても早い。
はじめは、川向こうに光る一点でしかなかった太陽が
やがて赤い球となり、橙、黄色と変わっていく。
最後は、黄金色の光となって、
生きるものにも、死んだものにも、平等にその光を降り注ぐ。
そしてまた、火葬場には何体もの死体が運び込まれ、
男達は、それらをひとつぶの灰になるまで焼き尽くす。
いまや、死体となった彼らを脅かすものは
もうこの世のどこにも存在せず、
彼らはこの上なく至福の表情で、
ただ黙って、赤い炎に包まれるのだ。

境界線

आशामाई धर्मशाला सेवाश्रम
9997566444
जीत सिंह एण्ड सन्स
उच्च कोटी के ड्राईफ्रूट
नीडस एवं दालें
छाबड़ा ब्रदर्स
किरयाना, ड्राईफ्रूट्स एवं डेली नीड्स
0135 - 2430503 (S)

20代後半からかなり長いあいだ、
一年の半分を旅に費やし、
残りの半分を日本で働くという生活を続けた。
旅先では、国籍問わずたくさんの旅人と出会い、
あの国はひとが親切だったとか、
あの町はご飯が最高だったとか、
いろいろな情報を仕入れては、次の行き先を決めた。
中国からスタートして東南アジア、インド、パキスタンと抜け、
さらに西へ、西へと進んでいく
ユーラシア大陸横断の旅に出たのは
ちょうど30歳の頃だった。
どこまで行けるかわからないが、
とりあえず行ってみようと、期間を決めずに日本を出発、
イエメンまで進んだところで、再びインドへ戻って半年滞在。
このまま永遠に旅が続くんじゃないかと思っていたが、
日本を出て1年半後、
旅の終わりは思いがけずバリ島でやってきた。
ウブドののどかな棚田を眺めながら
「これでようやく日本に帰れる」と、ほっとしたのだ。
「帰ろう」ではなく、「帰れる」と思った理由を
わたしはいまだにうまく説明できそうにない。
しかし、恐らくわたしはバリ島のみずみずしい棚田のなかに
日本とのつながりを見つけたのだ。
不意に現れた、旅と日本との接点。
もしかしたら、旅の間、
わたしはずっと、こころの原風景を探していたのかもしれない。

Lotte Choco Pie
What makes you beautiful?
सहारा
Bisleri
Bisleri

振り返ってみれば、
わたしの旅はいつも「境界線」を探す旅だった。
国と国の、
あるいは、大陸と大陸の、
目に見えないラインを自分の足で跨《また》ぐとき、
わたしはいつもそこに旗を一本、
打ち立てたような感じがした。
ユーラシア大陸横断の最中、
ボスポラス海峡に架かる巨大な橋を越えて
イスタンブールのヨーロッパ側に入ったのは、
真夜中の２時だった。
遠くの丘に散らばるモスクの灯りと
足もとに広がる漆黒の海が
アジアとヨーロッパの境目を告げている。
周囲がシンと寝静まる夜行バスのなかで
わたしはひとり、気分が高揚するのを感じていた。
「わたしは、いま、境界線の真上にいる」
アジアとヨーロッパが、いま、足もとでつながっている。
わたしのなかで、国と国や、大陸と大陸がつながったところで
世界がどうなるわけでもないのだけれど、
わたしはわたしなりに、
世界を結ぶために旅しているのだと思った。

日本での生活はいつでも曖昧な境界線とともに進んでいた。
仕事とプライベートの分け目も、
上司と部下の関係も、
友情と恋愛の違いも、
うすぼんやりした境界線が、心地いいのだとされていたし、
わたし自身、
中途半端なテリトリーのなかで好き勝手に過ごしてきた。
しかしその一方で、
曖昧な境界線は時々こころを不安定にかき乱し、
足場となる拠りどころをぐらつかせる。
そんな日常にぐったり疲れて旅に出ると、
そこはもう、個人主義と経験主義のパラダイス。
旅先では、「わたし」という人間の輪郭が否応なく明確になり、
最大限、緊張感と開放感が味わえる。
あっという間に、わたしは旅のとりこになり、
やがて、旅の行き先はインドだけに絞られた。

なぜ、わたしにとってインドが特別だったのか。
それは、いまでもよくわからない。
そもそも、
はじめてインドへ行ったのは単なる好奇心からだった。
本当にインド人は毎日カレーばかり食べているのか。
（それは間違いなく事実だった）
本当にインド人はトイレットペーパーを使わないのか。
（これも本当だけど、慣れてしまえばなんてことない）
並べるのは失礼だが、
ダライ・ラマとサイババに会ってみたい。
（ありがたいことに、お二人とも実現した）
伝聞でも、映像でもなく、
ただ、すべてのことを自分の目で確かめたかった、
旅に出る理由なんて、簡単に言ってしまえばそれだけだ。

インドではいろいろな日本人に会った。
「日本とはまったく違う文化の国で自分がどこまで通用するか、
ちから試しをしてみたい」という若い男性もいた。
「一度だけでいい。結婚前に自由な時間が欲しくて」
という20代の女性もいた。
「リストラにあい、家も家族も失った。
なにもなくなり、ちょうどいい機会だと思ったので、
バッグパックひとつで旅に出ることにした」
そんな中年男性もいた。
みんな、いろいろな想いを持って旅に出る。
行き先が偶然、インドだったというだけで、
抱えた想いはひとそれぞれだ。

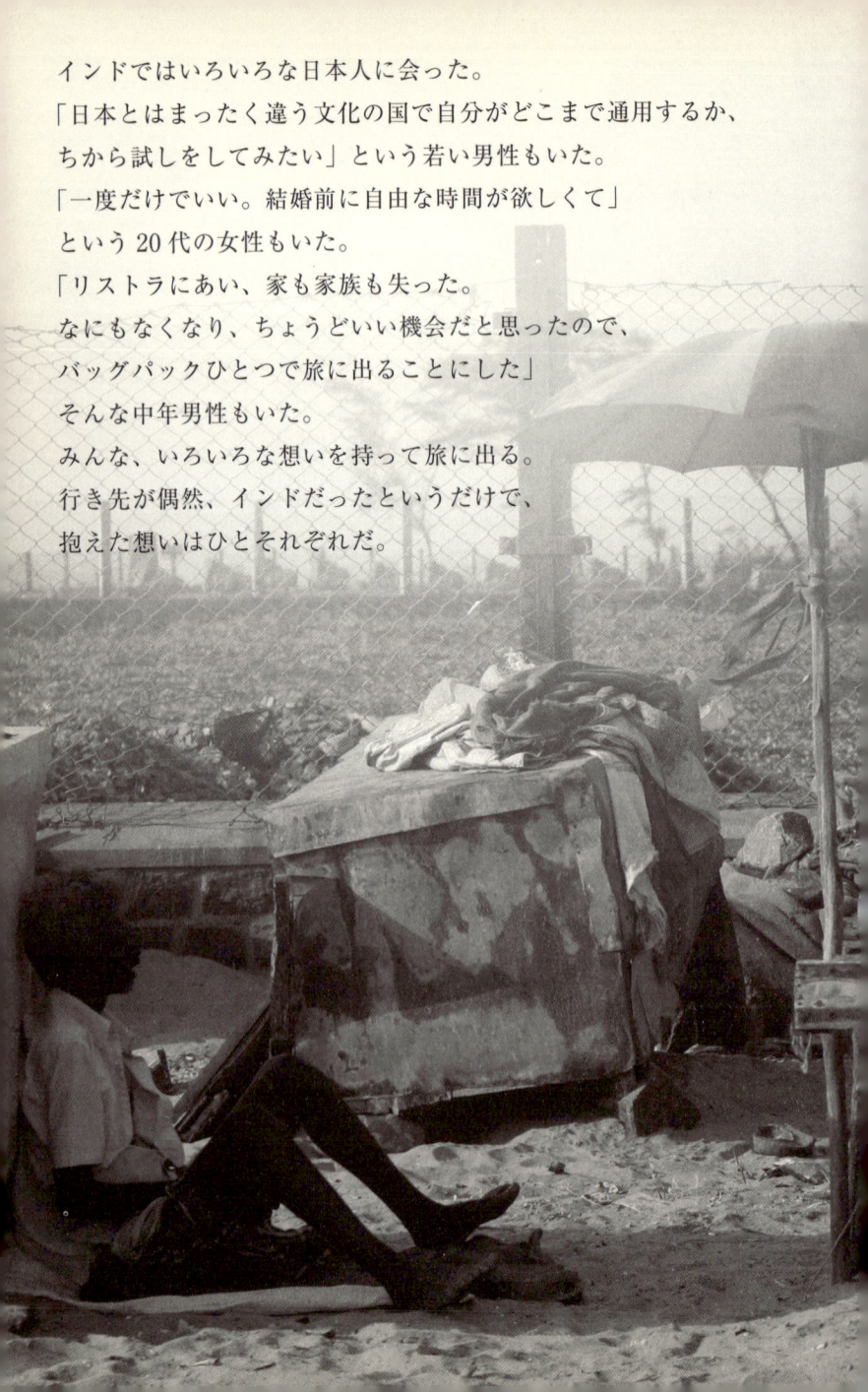

Munch

わたしは、と言えば、
曖昧な日本に嫌気がさしてインドへ旅に出たはずなのに、
旅を繰り返すうち、皮肉なことに、
今度は、旅と日常の境界線が少しずつ薄れていった。
山手線に乗っていても、
「渋谷、原宿、インド」と進んでも
おかしくないような感じがして、
いま、自分がどこにいるのか、
不意にわからなくなる瞬間がある。
友だちに会えば、「あれ、日本にいたんだ」と驚かれ、
インドからメールをすれば、
「こっちのほうがしっくりくる」と口々に言われる。
まわりのひと達にとって、わたしはいつも
ここではないどこかにいる、不在の存在みたいだ。
わたしとしては、それを聞いて複雑な気持ちになるのも事実で、
もうそろそろ、一カ所に落ち着こう、
自分に用意された席を立つのは今回の旅で終わりにしよう、と
毎回、思わないこともないのだけれど。

राष्ट्रीय
सहारा
नियुक्ति पर थॉमस
और केंद्र को नोटिस

「旅ってさ、やっぱり『逃げ』なんだよね」
オルチャという、
デカン高原の真ん中にある小さな村で出会った
20代後半の男性は、
夜、屋台でご飯を食べていたときにそう言った。
「オレ、会社を辞めて３年の予定で
アジア横断の旅をしようと思ったけれど、
もう、なんかいいわ、って感じがしてきた。
正直、いま、うんざりしてる。
旅の間はなんにも生産的なことをしていないし、
ずっと消費するばっかりで、
いろんなものがすり減ってくる。
自分だけがこの地球上で、
価値のない人間だって思えてくるんだ。
もう、いい加減疲れてきた。
やっぱり、ずっと逃げていちゃいけないって思うんだよ、
日本での、いろんなことから」
彼は、こんなことも言った。
「最初の頃はさ、
旅に出ればなにか変わるかなって期待してた。
でも、甘かったね、
確かにインドでは、
日本じゃ経験できないようなこともいっぱいできた。
でもその反面、日本にいる友だちからのメールを読むたび、
自分ひとり、置いてけぼりにあってる感じがして仕方ない。
いまなら、まだ、レールに戻れるような気がするんだよ」

「あなたは、なんのためにインドを旅しているんですか」
わたしにそう尋ねた、50歳くらいの男性もいた。
インド北部のダラムサラという町で出会ったその男性は、
たまたま、同じゲストハウスに宿泊していたこともあり、
よく一緒にお茶を飲んだり、食事をしたりした。
「あなたは、インドばかり何度も訪れている。
わたしも、インドが好きで若い頃から何度も来ているから
あなたの気持ちはよくわかるけれど、
あなたは、一体、なにを求めてインドへ来ているのですか。
それがわからなかったら
何度も同じところをグルグルまわるだけですよ」
彼は、まっすぐな瞳でそう言った。

彼がインドへ来ている目的は、
「ソウルメイトを探すため」だという。
わたしも彼も、長期でダラムサラに滞在していたのだけど、
知り合って2週間ほど過ぎた頃、
「ヒロコさん、僕はようやく見つけたよ」と、
彼は目をキラキラさせて、わたしの部屋にやって来た。
「ひと目でピンと来たんだ、彼女こそソウルメイトだ。
聞いたら彼女も同じことを感じたって」
そう言って、彼はイスラエル人の女性をわたしに紹介した。
彼女は、イスラエルの小さな町に夫と子どもを残して
インドへ来たという、40歳くらいのひとだった。

韓国の仁川《インチョン》空港で飛行機を乗り継いだとき、
出発ロビーで知り合った60歳くらいのお母さんは、
旅に出る少し前、娘さんを自殺で亡くしたという。
「あの娘のつらさに、
わたしも夫も気づいてあげることができなかった。
もう少し早く声をかけてあげれば、
こんなことにはならなかったのに」
そして、彼女はこう言った。
「いいわね、あなたにはインドという逃げ道があって。
あなたみたいに、インドでもどこでも行くことができれば
あの娘も、あんなことをせずに済んだかもしれないのに」

誤解を恐れず、正直な気持ちを書けば、
わたしは、「旅とは『逃げ』である」ということに
否定する言葉は何も持ち合わせていないし、
そもそも、否定するつもりもまったくない。
便せんには余白があり、楽譜には休符があるように、
人生にひとつくらい
逃げ道という名の隙間《すきま》があってもいいんじゃないのと、
旅と人生を繰り返し、
旅が、一種のアイデンティティとなった現在でも、
わたしはやっぱり思っている。
もっともわたしの場合、
「いざというときには逃げ道がある」ということが
支えになっているというよりも、
「逃げ道に逃げ込むために頑張っている」というほうが
正しいかもしれないが。

कचोरी 2
समोसा

これまでの旅に、こころ残りはないけれど、
こころを残してきた場所はたくさんあるし、
こころを預けたり、預かったりしたひとも、たくさんいる。
不安定な原子が電子を放出したり、ほかから受け取ったりして
安定しようとするのと同じように、
わたし達も、旅をしながらいろいろなひとと出会うたび、
想いや、表情や、ことばにならない小さな感情を
共有したり、交換したりしながらバランスを保とうとするのだろう。
そして、わたし達は旅と日常の境目を越えて、
自分が本来いるべき、心地良いと思える場所へ
おのずと導かれていくのを感じるのだ。
多かれ少なかれ、旅をするひと達は
誰もがこんな、旅する理由を感じているんじゃないかと
わたし自身は思っている。
まあ、これも旅を続けてきて、
たぶん、これからも続けていくわたしの
自分勝手な言い分に過ぎないのだろうけれど。

डीलक्स शौचालय

食べる

南インドの食堂には、独特の作法がある。
まず席に座ると、目の前にバナナの葉が一枚置かれる。
その上にどっさりと米がのせられ、
続いて、豆のカレーや、タマリンドの効いた酸っぱいカレー、
きゃべつのクミン炒めや、マンゴーのピクルスなどが
次々とよそられていく。
すべて出揃ったところで登場するのは、右手の指だ。
それらの料理をすべてごっちゃに混ぜるため、
まだ熱いカレーのなかへ
覚悟を決めて、思いっきり指を突っ込むのだ。
その一瞬はまさに、
胃袋の内側に鳥肌が立つような恍惚の瞬間。
スパイスの香りが複雑に混ざり合う料理に
少しだけ、身を乗り出して
軽く息を止め、エイッとカレーの海へ指を突き刺すと、
指先の皮膚をすり抜け、
スパイスが猛スピードで体内へしみ込んでくる。
たちまち心臓も胃も血管も戦闘態勢になり、
みんな総出で、スパイスの波がやってくるのを待ち受けるのだ。

फोन: घर 2542837, दूकान (PP) 2209481
पूजा व हवन सामग्री, पडले का सामान, स्पेशल मेहन्दी, रंगोली के रंग
किराणा का सामान, देशी जड़ी बुटिया, पातल व दोने शैम्पू व त्रिफला पाउडर
TVS

「外国人が成田空港に着くとさ、
醬油のにおいがする、って言うらしいよ」
その話を聞いたときは、まさかと思ったけれど、
カルカッタの空港に着いて
市街地へ向かうローカルバスに乗っていたとき、
あながち、その話も大袈裟ではないのかもしれないと思った。
インドだって、町中、スパイスのにおいで包まれている。
場所がにおうのではない。
そこにいるひとの体がにおうのだ。

同じ食べものを、同じ作法で、同じように食べる。
正直なところ、インドに通いはじめた最初の頃は、
手で食べることに気恥ずかしさを感じるときもあったけれど、
たとえば、寺に行けば供物や花を分けてくれるし、
結婚式に出くわせば、来い、来いと
手招きして輪のなかへ入れてくれる。
食事だってなんだって、この国ではなにごとも躊躇《ちゅうちょ》せず、
みんなと同じことを、同じようにやればいいのだと気づいたら
インドが、ぐんと身近になった。
なんだ、この国のとびらはいつだって世界に向けて
大きく開かれているじゃないか。

食べもののあるところにはいつでもひとの姿があり、
ひとがいれば、そこではことばが交わされる。
食べるひと、作るひと、買うひと、売るひと、
いろいろなひとが雑多に混ざり合い、交差して、
同じものを咀嚼《そしゃく》する。
そして、体全体にスパイスの香りをしみ込ませ、
町のなかへ、勢い良く飛び出していく。
そう考えたら、インドという国が
まるごと、ひとつの巨大な胃袋のように思えてきた。
ひとは、その胃袋のなかで
いきいきと活動している細胞だ。
そして、頑固なまでにスパイスの香りがこびりつき、
茶色く変色しかかっているわたしの指が、
わたしもちゃんと細胞のひとつなのだと教えてくれる。

インド人と並んで座り、同じ料理を同じように食べる。

わたし達は、たとえ話す言葉は違っても、

いま、この瞬間は、胃袋でつながっている。

CURTAING & SOFA FAB
4. MAIN ROAD JAGATPURI CHOWK DE
Tel 22514041.22464041

彼と出会ったのは、砂漠のなかの小さな食堂だった。
パキスタンとの国境に近いジャイサルメールは、
別名、ゴールデンシティとも呼ばれる砂漠の町だ。
城塞《じょうさい》に囲まれた旧市街とその周囲に広がる新市街、
さらに、それらをぐるりと囲むように
タール砂漠が広がっている。
あのときは暑季直前だったから、
日中の気温は体感で50度を超えていたように思う。
わたしは、新市街のはずれにある一軒の食堂で
遅い昼食をとっていた。
ほっくりした豆のカレー、
ほうれん草とじゃがいもをクミンやチリで炒めたサブジ、
粒が長く、水気の少ないバスマティライス、
それから、端っこが少し焦げたチャパティを２枚。
これがわたしの定番だった、というより
昼食時には、いつもこのメニューしかなかった。

Corallite
Grand
NEELAM

彼は、旧市街の土産物屋で働いていた。
いや、働いていたのではなく、彼の友人が経営する店に
毎日入り浸っていたというほうが正しいかもしれない。
店は、旧市街の門を越えてすぐのところにあったので
観光客の目につきやすく、
そのおかげで、そこそこ流行っていたのだけど、
彼は、いつも暇そうにして店の前に椅子を出し、
のんびり昼寝したり、新聞を読んだり、
ときには真っ昼間から、茶色い紙袋でボトルを隠すようにして
こっそりビールを飲んだりしていた。
「いつもここで食べているよね」
食堂で話しかけられたとき、わたしは最初、
彼が誰だかわからなかったのだけど、
その、昼間から酔っているようなとろんとした目つきや
細面で鼻が高く、ラジャスタンの人特有の風貌で、
すぐにピンときた。
ああ、あの昼間から飲んでいるひとか、と。

それ以来、その食堂で彼と顔を合わせることが多くなり、
向かい合って食べながら、いろいろな話をした。
たとえば、ジャイサルメールから数十キロ離れたところにある
砂漠の村で暮らす彼の家族のことについて。
その村では、いまでも女性達の地位が低く、
特に、未亡人は恥ずかしい存在として
家の外へ一歩も出られないという。
「砂漠の女性達の地位をもっと上げたいと思っている。
そのために、いま、自分に何ができるか考えているんだ」
そんなまじめな話をしたかと思えば、
「自分には妻が７人いるんだけど、きみも８人目にどう？」
というような冗談を大真面目に言う。
あのクリシュナ神だって１万６千人の妻がいたんだから…なんて
おかしな理屈を、さらりと言うのだ。
端整な顔立ちをしているのに、誰に教わったんだか、
「そんなの関係ねぇ」「バザールデゴザール」など
突然、妙な日本語をしゃべったりもする。
だけど、なんだか不思議と憎めなくて
ときどき、彼のバイクに乗せてもらって
砂漠のなかへ、風力発電の風車を見に行ったりもした。
「自分の村は、このずっと先にあるんだ。
妻も、子どもも、みんないる」
ブーンブーンと音を立てて回転する羽を眺めながら
彼は少し目を細めてそう言った。

paints

彼は、細い体に似合わずビックリするほどよく食べた。
ほうれん草とじゃがいものサブジは、
時々、きゃべつやオクラ、苦瓜《にがうり》になったりしたが、
彼はそれらを必ずおかわりして食べていた。
「ここ数年、砂漠では干ばつが続いていて、
農作物が穫れないんだ。
そうだ、これを食べたら雨乞いをしに行こう」
「え、雨乞い？」と驚くわたしを急かすように、
彼は、さっさと食べ終えるとバイクの後ろにわたしを乗せて
町のはずれにあるヒンズー教の祠《ほこら》へ行った。
祠はとても小さく、大人ふたりがやっと入れるくらいのサイズで
中央に、真っ黒なペンキで塗られた小柄な石像が置かれている。
彼は、「さあ、一緒に雨が降るように祈ろう」と言って、
聞いたこともない、妙なマントラを唱えてから、
踊るように、石像の周りをグルグルと歩きはじめた。
これは、いつもの彼流のジョークなのか、
それとも、本気で雨乞いの祈りをしているのか、
わたしにはまったく判断できなかったが、
とりあえず、せっかくだから祈っておくかと
彼のあとについて、
小さな祠のなかをくらくらするほど何度もまわった。
そして、その夜。
なんと、1カ月ぶりにスコールが
ジャイサルメールを襲ったのだ。
翌朝、彼の店へ「雨が降ったね」と言いに行くと、
彼は“happy rain”と笑顔で言った。

HOTEL TIBET
A unit

ある日、彼と食堂でカレーを食べながら、
わたしは不意に思いつき、ひとつの質問をした。
「もし、いのちがあと１日しかなかったら、
あなたは、最後になにを食べる？」
わたし自身、よく自分に投げかける質問だが、
生まれてからずっとカレーを食べ続けているインド人なら、
人生の最後に、いったい何を食べたいと思うのだろうと、
ちょっとした好奇心から聞いてみたのだ。
間髪入れず、返ってきた答えはこうだった。
「自分なら、なにも食べないね」
「どうして？」
「明日で死ぬなら、自分が食べても意味がない。
それなら、ほかの生きものに食べものをあげるよ」

राष्ट्रीय लोक दल मे

彼は、「自分の食べものをゆずる」と言った。
しかも、「ひとに」ではなく「生きものに」と言ったのだ。
相変わらず酔いが回っているような、
怪しげな目つきだったけれど
その彼から、
そんなスケールの大きな答えが出てくるとは思わなくて、
わたしは無意識にカレーを口元へ運ぶ手を止めた。
そのひと言で、彼のことがもっと好きになったのだ。
「まあ、なにも食べなくても、
ビールくらいは飲むかもしれないけれどね」
彼はそう付け足して、
それから、厨房の奥へ向かって
大きな声で、チャパティのお代わりを頼んだ。

鍵

はじめは、ヨガなんてまったく興味がなかったのだ。
でも、ビートルズもヨガを学んだという
リシケシの町に滞在していたとき、
友達に誘われ、しぶしぶクラスに参加したところ
これが思いのほか楽しくて、
たぶん、カッコいいインド人の先生に褒められて
調子に乗ったということもあるのだろう、
たちまち、夢中になってしまった。
2004年2月、ちょうど日本でもヨガがブームになりはじめた頃で、
「いま、インドでヨガを練習しています」と
東京にいる友達にメールを書いたら
「こっちでもヨガが人気だよ」と返事がきて驚いた。
それまでヨガといえば、
痩せこけた行者が人間業と思えないポーズを取っているか、
あるいは、怪しげな新興宗教の教祖が
空中浮遊しているようなイメージしかなかったから。

ガンジス川から歩いて１分。
通りに面したヨガ教室は、プレハブみたいな簡素な造りで、
車が通れば、ガタガタと窓枠がうなり声を立て、
風が吹けば、天井から埃が落ちる。
２月、早朝のリシケシは凍えるほどに寒くて、
動きはじめは関節が縮こまり、
裸足のつま先は紫に変色するほど血の気がない。
それでも、体の筋肉を隅々まで丁寧にほぐし、

ゆっくりと深い呼吸で胸を縦横に大きく広げ、
最後、死体のポーズで横たわるときは
なんともいえない、深いくつろぎに包まれた。
耳に届くのは、風のそよぎ、鳥のさえずり、
野菜や果物を売り歩く男性の、リズミカルなかけ声。
牛乳を配達する台車の車輪が小石を跳ね上げ、
その振動が地面を伝い、寝ているわたしの体に届く。
町に、いつもの朝がやってくるのを全身で受け止める。

当時のわたしは、ヨガというものについてまったくの無知だった。
なにげなく手を合わせていただけの「合掌」というポーズが、
右手は聖なるものを、左手は不浄なものを示し、
相反するこれらをあわせ持つものが人間なのだ、
そして常に胸の中央へ向いている親指は
自分を温かく迎え入れる様子を意味しているということも
先生のことばではじめて知った。
逆立ちのポーズには世界を異なる視点から眺めること、
前屈のポーズにはエゴを消滅させることなど、
それぞれのポーズが特定の意味と関連していることも教わった。
とりわけ、木のポーズについて先生が話したことは、
いまでもこころに残っている。
「木は、いつでも豊かな恵みを人々に与え続けている。
与え続けながら、たえず上へ上へと伸びている。
空へ向かって一心に伸びながら、
根っこを大地の奥深くまで張り巡らせている」
与えられることに期待せず、与えることに満足もしない。
そんな大事なこと、
わたしはうっかり忘れていたみたいだ。

ポーズを保っている最中、
先生はよく、“keep patience”と言った。
忍耐強く、そこにとどまれ、と。
はじめの頃は、この“patience”の意味がよく理解できず、
どうしても違和感を拭えなかった。
もし、これを「我慢」と訳すなら、
そこにはなんらかの
ネガティブな意味が含まれるような感じがするし、
抑圧され、こころに押し込められた苛立ちは
本来ヨガが目指すものと相反するような気がして、
仕方なかったのだ。
実際、苦手なポーズのときにはあまりの辛さに顔を歪《ゆが》め、
息が乱れることもある。
早くこの時間が過ぎ去って欲しいと思いつつ、
対象物のない怒りのような荒々しい感情が心中を吹き荒れて、
それまで安定していた呼吸も、あっという間に失われる。
見栄もあるのだろう、
がんばって、顔には安穏とした表情を浮かべようとするのだ、
しかし、こころのなかでは激しい波が荒れ狂う。

RAZORBACK

しかし、ヨガを通して自分自身のこころと向き合ううち、
少しずつ、“patience”の意味がわかってきた。
たとえ、どんなに辛いポーズを取ろうとも、
いったん、苦しさのぬかるみから足を引っこ抜いて
こころの荒波を沈めれば、いろいろなことが見えてくる。
どれほど苦しみが大きくても、それは永遠ではないということ。
苦しみに対して過剰に反応すればするほど、
その苦しみは増すということ。
そもそも、その苦しみは自分のこころの産物であるということ。
じっと呼吸を観察し、それとともに一カ所に留まれば、
やがて苦しみは雲のように流れ去り、
再びこころは静寂に包まれる。
そして、この世のあらゆるものはすべて変化の過程であり、
自分も、世界も、
つねに、プロセスの渦中にあるということを実感するのだ。

ほんとうに悲しいことは、
欲しいものが手に入らないことではなく、
いままで手のなかにあったものが消えること、
ひとの恐怖心は「失うこと」から生まれるのではなく、
「失いたくない」という不安から生まれるのだと、
わたしは、ずっと思っていた。
一旦失ってしまえば
もう、失うことの恐怖から永遠に解放される。
しかし、なにかを失ったままで人生を歩き出すということは
まるで、ブラックホールのような巨大な穴が
こころにぽっかり空いたみたいで、
ときどき、とてつもなくしんどく、辛い。
だけど、手のなかにははじめからなにもなく、
人生のあらゆることは
自分の上を素通りしていくのだと理解すれば、
「失う」も「手に入れる」も、
そもそも幻でしかないことに気づく。

Tetley
Green tea
100% Natural
GOOD DAY

そういえば、ヨガの浄化法に
大量の塩水を飲んで一気に吐くというものがあるが、
それを通してわたしが学んだいちばんのことは、
胃や腸にものが入っていると、水は全然吐き出せないが、
そもそも、そこがカラッポなら
大量に飲んだ水はあっけないほどあっさりと
体内を素通りしていくということだった。
人間とは、いろいろなものがやってきてはくぐり抜けていく、
まさに、空洞のくだのようなものだなあ、と
早朝、宿の屋上でさっき飲んだばかりの塩水を
勢いよく口から吐き出しながら、そんなことを考えた。

今日には、今日で消えてなくなるものがあり、
明日には、明日、生まれるものがある。
すべてのものを、
追わない、求めない、固執しない、引き止めない。
水も、よどめば腐るように、
わたし達は、
あらゆる流れをそのままにしておくべきなのだろう。
手のなかへやってくるものは、良いも悪いも区別せず、
たとえ、どんな現実であれ
わたし達はありのままを受け入れるしかない。
そして、そんな自分を温かい心で認めるしかない。
自分自身を受け入れられないひとが
他者を受け入れられるはずもなく、
他者とのゆるぎない絆こそ、
毎日を歩むうえで、大切ないしずえとなるのだから。
そう考えると、
ヨガは、なにもマットの上だけで行われるのではなく、
日常のあらゆるシーンに応用できる気がしてきた。

ここに留まり、いまを楽しむ。
少なくとも、わたしにとっては
ともすればフラフラと、
いとも簡単に迷子になってしまうこころを
「いま」「ここ」へつなぎとめるのがヨガみたいだ。

NEW DELHI
नई दिल्ली

たっぷりの泥水が激しく波打っているつぼの底から
コインを拾い上げるには、
水面の波がおさまって、水中の土や砂がすべて沈み、
底のコインが透けて見えるようになるまで
根気づよく待つのがいいように、
たぶん、ヨガとは本来、「待つ」ものなのだ。
わたし達の目を覆う幻想や幻覚や思い込みといった
邪魔な目隠しを取り除き、
それから、こころの波が静かになるのをじっと待つ。
それがきっと、“patience”の意味するものなのだと、
あの冬の日、リシケシでヨガをはじめてから数年経ち、
ヨガというものの実体を、少しずつつかみかけてきたいま、
わたしは、ようやく気づきはじめている。

no yoga, no life.

know yoga, know life.

わたしは、新しい世界へ続くとびらの鍵を、
ヨガを通して見つけたのだと思っている。

明日

ringle
ARING CROSS
OPPERS MART
CHOICE MA
dayal
Sarees

「また、来るね」
そう言って、ゲストハウスを去ろうとしたとき、
寡黙なオーナーがぽつりと言った。
「人生には、『また』なんてないんだ」
軽く口にした“again”ということばが、
一瞬、ぽっかりと宙に浮いた。

インド人は、とことん現世主義的な国民だ。
彼らの願いごとは果てしなく、
金儲けしたいなら、この神様、
長生きしたいなら、この神様、
美しくなりたいなら、この神様って、
この国には、ひとの欲望と同じ数だけ、神様がいる。
今日はこっち、明日はあっちと、
みんな、毎日、神様めぐりを楽しんでいる。

しかし、彼らのこころに願いはあっても期待はない。
寺を訪れ、ろうそくに火をつけて、
供物を用意し、熱心に祈る。
願いが叶えば山ほどのお礼とともに感謝をして、
叶わなければ、
「前世での行いが悪かったのだな」とあきらめる。
そして、
「せめて、次の世ではもっと良い人生を歩めるように」と
来世での幸福を祈りつつ、現世での苦しみを受け止める。
結局、彼らにとっては
今日のために今日があるのではなく、
未来のために今日があり、
ふたつの時間軸のなかで、彼らは日々生きている。
今日と未来の追いかけっこは永遠と繰り返し、
いつまでたっても、今日は今日のための今日になれない。

だけど、この国のひと達を見ていると、
本当のところ、世界には「過去」と「未来」しかなく、
「現在」など、実はどこにも存在しないのだということが
意外なほど、しっくりくる。
物乞いの手にのせられるのは、明日につなぐ命の糧。
施しを授けるひとに与えられるのは、
この世を終えたところにある、来世のしあわせ。

それなら、なぜ、
あなたは、「現在」を生きるのですかと問われれば
わたしには、とりたてて目的などありませんと答えるしかない。
そもそも、意思のないところからはじまった人生に
これぞという目的を見つけるのは難しく、
いま、わたしがこの瞬間に存在しているという事柄だけが、
世界で唯一の、たしかな事実。
それでも、正体不明の「現在」を相手にして
真剣勝負のドタバタ劇を繰り返すなら、
そんな騒々しい日常も、なかなか捨てたものじゃないと思う。

ヒンディ語を習いはじめて驚いたのは、
この国では、「昨日」も「明日」も「カル」ということばで
表すということだった。
文脈のなかで、それが過去のことを意味しているのか、
それとも、未来のことを指しているのか、
判断するのは難しくない。
けれど、昨日と明日の間に区別がないということは、
そもそも、この国のひと達にとって
その違いが重要じゃないからだろうか、
過去が未来になり、再び、未来が過去になる、
そんなかわりばえのない連続のなかで、彼らは生きているから
「昨日」と「明日」の区別はいらないのだろうかと、
わたしは、ずっと思っていた。

128
128

インドに通うようになって、15年以上。
はじめてこの国を訪れた当時といまを比べてみれば、
インドでは、リキシャの運転手やチャイ屋や
ときには物乞いの子ども達まで、
誰もが携帯電話を持つようになった。
わたしは、巨大な一眼レフを持ち歩くのが億劫《おっくう》になり、
次第に、極力、軽装で旅へ出かけるようになった。
インドの都市部に住む若い女の子達は、
ジーパンやミニスカートを好んではき、
すらりとした足を見せつけるようになった。
わたしは、良くいえばこなれて、悪くいえばますます小汚くなり、
ビーサンをペタペタ言わせながら、
まるで、近所のコンビニへアイスを買いに行くような感覚で
インドの町を歩いている。
インドの物価はどんどん上がり、
1杯2ルピー程度だった屋台のチャイも
あっという間に、数倍に値上がりした。
貧富の差は一層激しくなり、
ビバリーヒルズみたいな豪邸と、
崩れかけたバラック小屋が至近距離に並んでいる。
わたしの常宿も、価格高騰の渦に巻き込まれ、
どうしよう、もっと安い宿を探そうかなと毎回迷うのだけど、
宿のオーナーから「久しぶり！」と声をかけられ、
まだ、幼かった彼の子どもがフロントに立っているのを見たりすると、
「やっぱり、ここでいいか」と、結局、いつもの宿に泊まってしまう。

शुभ

なんだ、
この世界は確実に移り変わっているじゃないか。
「過去」と「未来」は繰り返し訪れるのではないし、
昨日と同じ、明日でもない。

時間の積み重ねはずっしり重く、
そのなかで、変わらないものはなにもない。
少しずつ、見えない速度で
世界中、いろいろな変化が起こっている。
世の中は、朝がきたからといって
突然明るくなるわけじゃないし、
子どもだって、ある日いきなり大人になるわけじゃない。
粉が、突然パンに焼き上がるわけでもないし、
種から急に花が咲くわけでもない。
すべての変化が、一瞬一瞬の積み重ねで生まれている。
そう考えたら、なんだか、人生はかけがえのないもので
満ちあふれているような気がしてきた。
というよりもむしろ、
かけがえのないものしか、この世に存在しないような感じがした。
人生は、一瞬の連続なのだ。
だからこそ、一瞬のできごとに
まるで天地がひっくりかえったみたいに
一喜一憂するわたし達は、
なんて未熟で、愚かで、
ものすごく愛しい存在なのだろうと思う。

この世は、なにも絶対ではない。
なにも確実ではない。
なにも永遠ではない。
なにも繰り返さない。
だから、なにも恐れることはない。

インドでのあいさつは
「こんにちは」も「さようなら」も、
「ナマステ」だけでいい。
出会いのあとには別れがあり、
そのまたあとに、出会いがあって、
それらがすべて、一本の線でつながるなら、
ひとと交わすあいさつは、
シンプルに「ナマステ」だけでいいのだと思う。

出会いは一瞬の宿縁。
別れは一生の必然。
旅なんて、毎日出会いと別れの繰り返しだ。
だけど、たとえ今日の出会いが明日の別れになろうとも、
永遠の別れを悲しむのではなく、出会えたことに感謝する。
いくらカレンダーをめくっても
どこにも春と夏の境目がないように、
インドと日本の境目も、この地球上には存在せず、
ふたつの国と国を結ぶ道は、いつでもわたしの目の前にある。
時折、足場が崩れかけたり、
ふと、歩みが止まったりすることもあるけれど、
足は、視線の先に進むもの、
目標が定まっていれば、少なくとも道に迷うことはない。

片足を地面につけて、もう片足を振り上げる。
宙に浮いた足に目をやれば
その不安定さにやりきれなくなることもあるけれど、
地面についた足を見下ろせば
大地とつながっている足の裏が頼もしく思えてくる。
わたしはただ、その足もとを、
「いま」を、
きちんと感じていればいいのだろう。
インドと日本を結ぶ一本道。
目の前にまっすぐ伸びた、その通りを自在に行き来するために、
わたしはまた、日常という、常に流れゆく一瞬の連続のなかで
キリキリと、めいっぱいねじを巻くのだ。

鈴木博子（すずき ひろこ）
東京都出身。インドに通い続けるフリーライター。著書に「スロウなアジア」「ぎゅぎゅっとインド」（以上、彩図社刊）、「タイの屋台ゴハン」（ピエ・ブックス刊）がある。
旅とパンのスロウな日々　http://sdays.exblog.jp/

インド・アフター・インド――境界線の往来

2012年7月25日　　初版第1刷発行

著者 ―― 鈴木博子
発行者 ―― 平田　勝
発行 ―― 花伝社
発売 ―― 共栄書房
〒101-0065　東京都千代田区西神田2-5-11出版輸送ビル２F
電話　03-3263-3813
FAX　03-3239-8272
E-mail　kadensha@muf.biglobe.ne.jp
URL　http://www.kadensha.net
振替 ―― 00140-6-59661
装幀 ―― 黒瀬章夫（ナカグログラフ）
印刷・製本 ― シナノ印刷株式会社

ISBN978-4-7634-0639-2 C0026

花伝社の本

インドはびっくり箱

宮元啓一

定価（本体 1500 円＋税）

●インドはどこへ行く？
浅くしか知らなくとも、びっくり箱！　かなり知っても、びっくり箱！　多様性、意外性に満ちたインド。変化の中のインド。インド学者の面白・辛口批評。

僕が見たアフリカの国

上野庸平

定価（本体 1700 円＋税）

●日本の若者が出会った素顔のアフリカ
未知の可能性を秘めたアフリカ。いまアフリカが面白い！　ついに躍動を始めた未知なる大陸、アフリカ。セネガル・ダカール大学への留学経験を通じて日本の若者が得た強烈な異文化経験とは——。世界中のどことも似ていない場所、アフリカの現在・過去・未来。

パプアニューギニア
日本人が見た南太平洋の宝島

田中辰夫

定価（本体 1500 円＋税）

●地上最後の楽園
パプアニューギニアってどこ？　アフリカの奥地？　いや、意外や意外！　日本とも縁の深い、赤道直下のごく近い国なのです。手つかずの自然、豊かな資源、未知の国の人びと……**推薦・水木しげる**。カラー口絵付き。

沸騰するフランス
暴動・極右・学生デモ・ジダンの頭突き

及川健二

定価（本体 1700 円＋税）

●白熱する大統領選挙の背景をえぐる
極右の親玉ルペン、突然大統領候補に浮上したロワイヤル女史、ヨーロッパ緑の党の重鎮・赤毛のダニー、市民運動の鑑・ミッテラン夫人……。フランス政治のキーパーソン総なめの体当たり取材から見えてくるものは？　フランス社会のマグマ。いま、フランスが最高に面白い。

フランスは最高！
ぼくの留学体験記

及川健二

定価（本体 1700 円＋税）

●絶対に役に立つ実践的留学ガイド
四つの語学校で初級・中級のフランス語を受講し、パリ国立第九大学経営学コースでは英語での本格的な講義とゼミを、持ち前の度胸とユーモアで突破。学生寮、ホームステイ、アパート住まいもそれぞれ体験。１年８ヶ月にわたる波瀾万丈の留学体験の中から、絶対に役に立つ留学ノウハウを一挙大公開。